Hans Werner Henze

Venus und Adonis

Oper in einem Akt für Sänger und Tänzer
Text von Hans-Ulrich Treichel

Textbuch

Mainz · London · Madrid · New York · Paris · Tokyo · Toronto

BN 3367-70

Printed in Germany · BSS 48 159
ISBN 3-7957-3367-7

Auftragswerk der Bayerischen Staatsoper München

Uraufführung:
11. Januar 1997 in München
Bayerische Staatsoper
Inszenierung: Pierre Audi
Ausstattung: Chloe Obolensky
Musikalische Leitung: Markus Stenz

Personen

Sänger:

Die Prima Donna .... Sopran
Clemente, junger Opernsänger .... Tenor
Der Heldendarsteller .... Bariton
6 Madrigalisten (Hirten) .... Sopran
Mezzosopran
Alt
Tenor
Bariton
Baß

Tänzer (Mimen, Akteure):

Venus
Adonis
Mars
Die Stute
Der Hengst
Der Eber

Offene, sommerliche Landschaft. Im Hintergrund Hügel, an den Seiten Baumgeäst. Auf den Hügeln und im Geäst wohnen die Hirten. Von dort aus beobachten und kommentieren sie das Geschehen. Vorne und auf Stühlen die drei Sänger in heutiger, bürgerlicher Konzert-Abendkleidung. Sie bewegen sich frei über die ganze Bühne, deren Zentrum aber den Darstellern des Mythos reserviert bleibt, welche die sieben klassischen Boleros mimen und tanzen. Die Sänger werden ihre Tanzlieder und Arien aus schwarz eingebundenen Partituren lesen.

1. Madrigal I

Madrigalisten: Der Morgen steigt auf, die Schatten sinken zurück in die Nacht. Rötlich erglühen Wald und Hügel. Ein Erwachen, ein Zittern, ein Atmen. Aus Staub wird Gras, aus Felsen springt Wasser. Schon blüht zart und rein die Anemone und schon wird die Welt von Tönen beseelt. Der Morgen steigt auf, glänzend und leicht.

Früher Morgen. Die Prima Donna und der Heldendarsteller. Sie halten auf ihren Knien oder zu ihrer Seite die Tänzer für Venus und Mars, die im Augenblick noch leblos wie Puppen wirken.

2. Rezitativ I

Heldendarsteller: Mir träumte heute Nacht, mein Mund sei voller Sand, und als ich ihn auftat, rollten mir wie lose Kiesel die Zähne heraus. Sie haben sie dann, mit einem unwiderstehlichen Lächeln, von den Laken gesammelt und einen nach dem anderen zwischen die Lippen genommen.

Prima Donna: Gräßlich, lieber Freund, auch wenn ich das unwiderstehliche Lächeln für ein Kompliment nehme. Und wenn wir schon beim Träumen sind: Mir setzte sich ein Drachen auf die Brust. Ein kleines grünes Tier mit scharfen Krallen und einer langen roten Zunge.

Heldendarsteller: Ich habe Sie schon immer um Ihre Träume beneidet.

Prima Donna: Nur keine Eifersucht. Ich habe ihn davongejagt.

Heldendarsteller: Und wie? Mit Ihrem unwiderstehlichen Lächeln?

Prima Donna: Es genügte ein Lidschlag.

Heldendarsteller: Es muß ein sehr junger Drache gewesen sein. Noch ohne Sinn für das kristallene Leuchten Ihrer Pupillen.

Prima Donna: So viele Komplimente. Ich erkenne Sie nicht wieder.

Heldendarsteller: Auch mir genügte ein Lidschlag.

Prima Donna: Den sollen Sie haben.
(Sie blickt ihn an)

Heldendarsteller: *(korrigiert sich)*
Ein Lidschlag genügte mir einst, um mich in Sie zu verlieben.

Prima Donna: Sie waren jung damals. Fast so jung wie mein kleiner Drache.

Heldendarsteller: Nur daß ich nicht geflohen bin. Und noch immer verliebt.

Prima Donna: So sehr, daß ich in Ihre Träume steige und Ihnen die Zähne ausreiße.

Heldendarsteller: Träume sind Wunscherfüllungen, heißt es. Freilich maskiert und verwandelt. Sie bedürfen der Deutung.

Prima Donna: Und? Wie deuten Sie Ihren?

Heldendarsteller: Vielleicht soll ich zum Kinde werden. Zahnlos an ihrem Busen liegen und mich satt trinken daran.

Prima Donna: Es war Ihr Traum, nicht meiner. Ich hatte einen anderen Traum.

Heldendarsteller: Doch den meinen habe ich geträumt, als ich neben ihnen schlief.

Prima Donna: Und ich den meinen auch. Und träume ihn immer noch.

Heldendarsteller: *(irritiert)*
Ich verstehe nicht.

Prima Donna: *(gereizt und streitlustig)*
Ich sagte, ich träume ihn immer noch, meinen Traum von kleinen bösen Ungeheuern mit scharfen Krallen und langen roten Zungen, die mir den Schlaf rauben.

Heldendarsteller: Und Sie in Seligkeit versetzen.

Prima Donna: Dem Glück darf man nicht weichen, wenn es sich einem entgegenstellt.

Heldendarsteller: Sie fordern mich heraus.

Prima Donna: Wenn ich es nur wollte.

Heldendarsteller: Sie wollen nicht?

Prima Donna: Ich kann nicht.

Heldendarsteller: Ich verstehe nicht.

Prima Donna: Meine Träume verbieten es mir.

Heldendarsteller: Träume, in denen ich nicht mehr vorkomme.

Prima Donna: *(gereizt, böse)*
Heute nicht. Und morgen vielleicht auch nicht mehr.

Heldendarsteller: *(ebenfalls gereizt)*
Sie genügen mir im Wachzustand.

Prima Donna: Ihre Genügsamkeit wird mir zum Alptraum.

Heldendarsteller: Ich fange an zu verstehen.

Prima Donna: Besser nicht.

Heldendarsteller: Sie machen mich rasend.

Prima Donna: Ich warte.

Heldendarsteller: Dann warten Sie ... Dann warten Sie ...

Der Heldendarsteller verstummt. Die Prima Donna schweigt ebenfalls. Beide erstarren.

3. Bolero I

Im gleichen Augenblick erwachen Mars und Venus. Sie lösen sich vom Heldendarsteller und von der Prima Donna. Venus tanzt als erste. Sie drückt ihre Liebe zu Adonis aus, Mars seinen Zorn, seinen Argwohn und seine Leidenschaft für Venus. Nach einer Weile tritt Adonis auf, Hand in Hand mit dem jungen Tenor, der sich, seine Noten unter dem Arm, nach respektvoller Begrüßung in einiger Entfernung zu den beiden anderen Sängern gesellt. Adonis tanzt für sich allein, jungenhaft, gänzlich unbekümmert, nur auf sich bezogen.

Tanzlied (Terzett)

Prima Donna: *(für sich, die Gedanken der Venus aus dem schwarzen Buch lesend)*
Seine Schritte sind federleicht, seine Füße streifen das feuchte Gras, und wie im Traum steht er vor mir, lieblich wie eine Blume und stark wie ein Baum, tausend Geheimnisse will ich ihm verraten, auf den ich sehnsüchtig warte. Ich will ein Garten sein für ihn, ein großer wilder Park, und er soll das Wild sein in diesem Park.

Heldendarsteller: *(für sich, die Gedanken des Mars aus dem schwarzen Buch lesend)*
Die Sonnenlust ihres Haares, ihr weißschimmernder Leib, der helle Schatten wirft aus gleißendem Licht, das Schatten wirft und mich blendet, das mich täuscht, das mich irre macht. Wie schön sie ist, und wie böse, ihre bebende Brust ein Nest voller Schlangen, ihre Zunge ein Messer, ach, noch im Zorn ist mir lieber das Schwarz ihrer Blicke als sie nicht mehr zu sehn.

Clemente: *(für sich, die Gedanken des Adonis aus dem schwarzen Buch lesend)*
Ohne Rüstung noch Harnisch bin ich, Adonis, ohne Waffen und Helm, mit bloßen Händen und Füßen gehe ich zur Jagd. Stark werde ich sein und der Stier wird sich beugen, die Schlange wird fliehen vor mir. Und im Sonnenlicht werde ich schlafen, zwischen Steinen und Gras, am Ufer der Flüsse, am Rande der Bäche, am Himmel werde ich die Wolken sehen, die ohne Sorge sind, ohne Begierde, flirrend im Mittagslicht, brennend im Abendrot und eisig und blau in der Nacht.

Die Tänzer und Sänger verlassen die Bühne.

4. Madrigal II

Madrigalisten: Ungestüm ist Adonis und jung, noch ganz ohne Furcht und verliebt in das Spiel seines Schattens, von keiner Sorge, von keiner Begierde gequält, übergeben dem Wind und ausgesetzt seinen Träumen. Wie ein Unsterblicher, unverwundbar und blind, tritt er durch den dämmernden Morgen, dorthin, wo in der Hitze des Mittags die Büsche verglühn, wo die Schatten spitz sind und wie scharfe Messer, und wo zu brennendem Staub wird, was da lebt.

5. Bolero II

Eine Waldlichtung. Adonis und Mars, bei spielerischen Jagd- und Kriegsübungen. Clemente und der Heldendarsteller singen wieder aus ihren schwarzen Büchern.

Tanzlied

Heldendarsteller: Fürchte den Tod nicht. Er ist nichts, wenn du ihn nicht fürchtest.

Clemente: Ich fürchte ihn nicht. Nur den Schmerz fürchte ich und die Feigheit.

Heldendarsteller: Der Schmerz ist wie eine Trophäe, die deinen Mut auszeichnet. Der Schmerz macht dich stark, wenn du ihm Stärke zeigst.

Clemente: Und die Feigheit?

Heldendarsteller: Die Feigheit ist ein mächtiger Gegner. Sie ist schlimmer als Sturm, schlimmer als Donner und Hagel. Gefährlicher als der Stier und wütender als der Eber. Sie ist die böseste der Bestien, denn sie haust nicht in den Wäldern, sondern in deiner Brust. Aber ich werde dich lehren, sie zu besiegen.

Clemente: Ich werde es lernen, wenn du es mich lehrst.

Heldendarsteller: Ich werde dir eine Rüstung schmieden, einen goldenen Schild, einen glänzenden Harnisch.

Clemente: *(begeistert)*
Einen goldenen Schild! Einen glänzenden Harnisch!

Heldendarsteller: Du wirst eine Lanze tragen, und mit dem Mut des Kriegers wirst du hinausziehen, und wenn die Abendröte deinen Harnisch entflammt, wirst du die Schwingen entfalten und dich auf deine Beute werfen, einem Raubvogel gleich.

Clemente: Einem Raubvogel gleich und mit sirrenden Schwingen...

Heldendarsteller: Deine Anmut wird mich begleiten, deine Kühnheit wird mich erheben, deine Tapferkeit wird meine Tapferkeit sein.

Clemente: Deine Anmut wird mich begleiten, deine Kühnheit wird mich erheben, deine Tapferkeit wird meine Tapferkeit sein.

Heldendarsteller: Wir werden beide siegen oder fallen, wir werden beide steigen oder stürzen.

Clemente: Wir werden beide siegen oder fallen, wir werden beide steigen oder stürzen.
(Dann, nach einer kurzen Pause, zögernd und unsicher)
Gemeinsam siegen? Gemeinsam fallen?

Adonis scheint plötzlich von seinen Gefühlen und Ahnungen überwältigt und den Tränen nahe. Mars verläßt ihn. In diesem Augenblick tritt Venus gleichzeitig mit der Prima Donna auf und wendet sich Adonis zu, berührt ihn zärtlich und versucht ihn zu umarmen. Adonis stößt sie zurück und läuft davon. Venus stürzt zu Boden. Die Prima Donna hatte sich, wie Venus dem Knaben (und im gleichen Augenblick wie diese), dem jungen Tenor zugewandt, ihn zärtlich berührt, umarmt und zu küssen versucht. Clemente hat sie zurückgestoßen und ist davongelaufen. Die Prima Donna ist an die Rampe gestürzt.

6. Rezitativ II

Prima Donna: Er zeigt mir seine Krallen, und dann läuft er davon, mein kleiner, ängstlicher Drache. Wie gerne ließe ich mich ein wenig zerkratzen, so könnte er lernen ein großer Drache zu werden. Leider ist er ein Feigling. Doch mir gefällt es, wenn er mit roten Wangen Reißaus nimmt. Ich hätte Lust ihn zu fesseln und ihn zornig zu sehen. Ich würde einen Krieger aus ihm machen, ohne Eisen vor der Brust, ohne Waffengeklirr, einen wirklichen Mann, der wie ein Sturm durch meine Träume geht, oh, einen Sänger machte ich aus ihm, der die Welt in seiner Brust und den Himmel auf seinem Atem trägt.

7. Bolero III

Venus erhebt sich. Ihr Tanz drückt Kränkung und Enttäuschung aus, Verzweiflung und Zorn, ungestillte Lust und ungestilltes Begehren.

Tanzlied

Prima Donna: *(aus dem schwarzen Buch lesend)*
Wer tröstet mich jetzt,
wo er mich allein läßt,
dessen Gesicht ich mit Küssen bedeckte,
den ich erweckte aus seinem Schlaf
und der mich zurückstößt.
Furchtsam ist er und grausam,
ein Knabe und doch schon ein Mann,
der unschuldig ist wie ein Kind,
das der Taube die Flügel ausreißt,
der noch nicht weiß,
daß auch der Himmel sterblich ist
und die Jugend nur währt einen Atemzug lang.
(Sie hält einen kurzen Moment inne.)
Doch währte sie ewig, ich könnte nicht trauriger sein.

Venus eilt weinend davon.

8. Rezitativ III

Der Heldendarsteller tritt zur Prima Donna.

Heldendarsteller: Ich habe begriffen.

Prima Donna: Was?

Heldendarsteller: Sie und Ihre Träume.

Prima Donna: *(kühl)*
Um so besser.

Heldendarsteller: Warum so eisig?

Prima Donna: Ich glühe.

Heldendarsteller: *(gereizt)*
Um so besser.

Prima Donna: Sie begreifen nichts.

Heldendarsteller: Was?

Prima Donna: Nichts von mir. Nichts von meinen Träumen. Und nichts von der Welt.
(zögert)
Ich liebe ihn!

Heldendarsteller: Bedenken Sie, er ist fast noch ein Kind. Und Sie scheinen ziemlich verwirrt zu sein.

Prima Donna: Schöne Verwirrung. Die schönste, die ich mir vorstellen kann.

Heldendarsteller: Ich wünschte mir ein wenig mehr Vernunft.

Prima Donna: Die Vernunft überlasse ich Ihnen. Nur lassen Sie mir meine Gefühle. Und den Jungen.

Heldendarsteller: Die Gefühle gehören Ihnen. Der Junge nicht.

Prima Donna: Und wem soll er gehören, wenn nicht dem Glück, den Leidenschaften und der Liebe?

Heldendarsteller: Große Worte, meine Teuerste. Zu groß für ihn. Er wird in Ihren Armen keine Luft bekommen. Grad erst dem Boden entsprossen, und schon von der Sonne verbrannt.

Prima Donna: Große Worte, lieber Freund. Zu groß für mich. Ich bin keine Venus.

Heldendarsteller: Und ich bin kein Mars.

Prima Donna: *(ironisch)*
Kein eifersüchtiger Kriegsgott?

Heldendarsteller: Spotten Sie nur. Von mir wird er lernen, was ein Mann lernen muß.

Prima Donna: Das wäre?

Heldendarsteller: Vor allem: zu widerstehen.

Prima Donna: Zu widerstehen? Wem?

Heldendarsteller: Zuallererst den Begierden der Frauen und der Habsucht dessen, was sie Liebe nennen.

Prima Donna: Sie haben nichts begriffen.

Heldendarsteller: *(wütend)*
Genug um ein Mann zu sein.

Prima Donna: *(wütend)*
Also nichts.

Beide verstummen zornig und nehmen ihre Partituren zur Hand.

9. Bolero IV

Die Auseinandersetzung zwischen dem Heldendarsteller und der Prima Donna setzt sich zwischen Venus und Mars fort.

Tanzlied

Heldendarsteller: *(aus dem schwarzen Buch lesend)*
Eine Frau im Fieber und ich ein Narr,
der ich ihr die Liebe erklären möchte.
Ich sollte schweigen, stolz sein und still,
doch ich zittre wie ein ängstliches Kind.

Prima Donna: *(aus dem schwarzen Buch lesend)*
Adonis lieben will ich, sonst nichts.
Nur erwachen am Morgen und zusehen,
wie eine Schwalbe den Himmel durchkreuzt.
Nur steigen will ich, nur steigen
und stürzen, sonst nichts.

Prima Donna
und
Heldendarsteller: Vielleicht geht bald in Rauch und Wind
und Flammen auf, wird beißender Dunst,
wird glimmende Asche, was Liebe war,
was Worte waren und wir.
Vielleicht spült ein Regen uns fort.

Tänzer und Sänger gehen ab.

10. Madrigal III

Madrigalisten: Der Wind, er redet, er spricht zum Laub,
das Gras lauscht dem Regen,
der Tau erhört das Morgenrot.
Nur sie, die lieben und begehren,
sind stumm wie die Steine,
sind taub wie der Schnee.

Adonis tritt auf, einen Hengst am Halfter führend. Er bindet das Pferd an und setzt sich. Clemente tritt auf und setzt sich ebenfalls, weit von Adonis entfernt.

11. Pantomime, Rezitativ IV

Adonis schnitzt an einem Stecken und denkt an Venus, anfangs sachlich und nachdenklich, dann immer schwärmerischer, aber auch unruhiger werdend, bis er aufspringt und zu tanzen beginnt.

Clemente: Sie hat mich umarmt. Und ihre Lippen haben meinen Mund berührt. Ihre sanften, ihre bitteren Lippen. Ihre Hände waren heiß, und ich habe einen seltsamen Glanz in ihren Augen gesehen. Ich bin davongerannt wie ein Idiot. Küßte sie mich noch einmal, dann würde ich sie umarmen und nicht mehr loslassen. Wie schön sie ist. Wenn ich meine Augen schließe, dann sehe ich die ihren, und ich lege meine Lippen auf sie.

Adonis tanzt.

12. Bolero V und Tanzlied

Clemente: *(aus dem schwarzen Buch lesend)*
Wie ein Vogel, im Netzwerk gefangen,
so flattere ich vom Tag in die Nacht
und von der Nacht in den Tag.
Oh, könnte ich doch nur widerstehen
ihrem schneeweißen Leib, ihrem Mund,
dem schimmernden Glanz ihres Blickes.
Ich, ein Krieger, ein Schüler des Mars,
will die Sonne fangen in meinem Schild
und blenden das größte der Tiere.
Müde bin ich, meine Glieder sind schwer,
träumen will ich und ruhen, liegen bei dir,
dein Atem, dein Haar ist mein seidenes Kissen.
Kämpfen will ich, müde bin ich,
schlafen will ich, träumen und schrein.

Es wird Mittag. Die Sonne steht im Zenit. Es ist heiß und still. Adonis legt sich in den Schatten und schläft ein.

13. Madrigal IV

Madrigalisten: Die Flüsse stehen still wie blinde Spiegel,
die Vögel sterben in den Bäumen und es flirrt
der Staub, wo einmal Gräser blühten wird die Erde grau,
das Blut wird schwer und wirr der Schlaf,
und aus dem Blattgewirr der Büsche kommen
die Mittagsgeister Nymphen Pan und treiben
dem der dort schläft die wilden Träume zu,
die Flüsse stehen still wie blinde Spiegel
bis sie mit irrem, schrillem Klang zerspringen.

14. Bolero VI

In der Waldlichtung erscheint eine Stute. Der Hengst wittert sie, wird unruhig, reißt sich los und setzt zu ihrer Verfolgung an. Adonis erwacht. Er versucht, den Hengst einzufangen. Auf dem Höhepunkt der Verfolgungsjagd finden sich die beiden Pferde und fliehen zusammen.

Tanzlied

Madrigalisten: Erst nur ein Wittern, erst nur ein Blick,
ein Schnauben, ein Wiehern, zerrissenes Zaumzeug,
lautdonnernde Hufe, ein Traben, ein Rennen.
Erst zärtliches Spiel, dann stürmische, ungestüme
Jagd, durch Büsche und Bäume, ein Beben,
es zittern die Felsen, ein Tosen, ein Stürmen,
es stürzt aus den Himmeln, es springt aus den
Flüssen, hat weder Tag noch Nacht, es jagt
durch die Felder, ein Glanz in der Luft
und ein Glühen, hoch türmen sich Wolken,
eishelle Gipfel, aber wild fährt der Wind
über Wiesen, durch Wege: klirrende Steine,
flirrender Staub und hochfliegendes Laub.

Adonis läuft Gefahr, vor Erschöpfung zu Boden zu stürzen, als, von ihm unbemerkt, Mars auftritt, ihn auffängt und hinausträgt. Der Heldendarsteller und Clemente sind aufgetreten und haben die Szene beobachtet.

15. Rezitativ V

Heldendarsteller: So jung und so schwach.

Clemente: Ich schäme mich meiner Schwächen nicht.

Heldendarsteller: Um so schlimmer. Ich habe Ihnen vertraut und auf Sie gehofft.

Clemente: Ich bin verliebt.

Heldendarsteller: Das ist es, was ich meine. Sie glauben, Sie sind verliebt, dabei sind Sie bloß in eine Falle getappt.

Clemente: Was für eine Falle?

Heldendarsteller: In die Falle einer Frau.

Clemente: Einer liebenden Frau.

Heldendarsteller: Ihr nennt es Liebe. Ich sage, es ist eine Verirrung. Ein abgeschmacktes Spiel.

Clemente: Sie beleidigen sie und mich.

Heldendarsteller: Sie beleidigt ihr eigenes Geschlecht und Ihre Jugend dazu.

Clemente: Sie liebt meine Jugend.

Heldendarsteller: Sie liebt es, sich jung zu fühlen.

Clemente: Sie macht einen Mann aus mir.

Heldendarsteller: Sie sollten auf mich hören, bevor es zu spät ist.

Clemente: Ich weiß was ich tue, denn ich tue was ich fühle.

Heldendarsteller: Armer Verführter! Ich bedaure Sie.

Clemente: Sie sind eifersüchtig.

Heldendarsteller: *(schreit)*
Lächerlich!

Clemente: Eifersüchtig und unbeherrscht, wie es nur Schwächlinge sind.

Heldendarsteller: Genug!
(Er hebt, außer sich vor Zorn, seine Hand und holt zum Schlag aus. Clemente weicht ihm aus.)

Clemente: *(drohend)*
Wagen Sie es nicht. Ich könnte mich wehren.

Heldendarsteller: Lächerlich! Lächerlich!

Clemente: Es tut mir leid.

Clemente geht ab.

Heldendarsteller: *(zornig und in außerordentlicher Erregung)*
Soll ich so enden?
Ein rasender Schwächling,
ein hinkender Held,
ein betrogener Narr.
Wie selig sie lächelt
im Arm dieses Jünglings
als hätte sie jetzt erst
die Liebe entdeckt,
die den Verstand ihr
und alle Sinne entzündet.
Betrogen bin ich,
der Welt zum Gespött geworden!
Die Welt ist eine Hölle,
niederträchtig und grausam.
Nun bin ich allein,
ein Tier in der Falle,
das alles verloren,
ein zorniges hilfloses Tier,
von seinem eigenen Herzschlag verhöhnt.

Der Heldendarsteller stürzt davon. Lichtwechsel.

16. Bolero VII

Adonis allein, schlafend, träumend. Venus kommt hinzu. Sie umarmt ihn. Er erwacht zu ihren Zärtlichkeiten und erwidert die Umarmungen und Liebkosungen. Die Prima Donna und Clemente sind aufgetreten und haben ihre Bücher zur Hand genommen. Der Himmel verdunkelt sich, schwarze Wolken ziehen auf.

Tanzlied

Prima Donna:

Aus tiefem Schlaf erwacht,
mein ängstlicher Held,
mein zitternder Krieger.
Ich raube ihm seinen Harnisch,
den glänzenden Panzer,
streife sein Haar,
seine Wangen, die Brauen,
und seine Lider zittern im Schlaf.

Clemente:

Ich hab geträumt
von rauchenden Feldern,
Kavalkaden und Sturm.
Ich habe geträumt, ich stürze
in mein eigenes Blut,
doch eine Hand fängt mich auf,
ein Lippenpaar hält mich
und flößt mir Atemluft ein.

Der Heldendarsteller tritt auf und beobachtet von weitem die Szene.

Prima Donna:

Kein Traum mehr, Geliebter,
meine Küsse sind wahr, so wahr
wie mein Herzschlag, mein Atem,
und wie das Spiel meiner Hände,
die sich in deinen verlieren, verfangen.

Clemente: Kein Traum, Geliebte,
mein Herz schlägt an deinem,
mein Mund, mein Atem ist deiner,
ich zittre, ich seh in deinen Augen
unsren einzigen Tag.

Heldendarsteller: Kein Traum mehr? Ein Alptraum! Liebe?
Lächerlich! Mir zerspringt der Schädel!
Ein Haufen Schmutz! Widerwärtig!
Entsetzlich! Luft! Ich ersticke!
Schmutz! Mein Mund voller Schmutz!

Die Zärtlichkeiten zwischen Adonis und Venus wie auch zwischen der Prima Donna und dem jungen Tenor haben sich gesteigert. Beim ersten Kuß aber stürzt der Heldendarsteller schreiend und mit gezücktem Messer hinzu und ersticht den Clemente. Im gleichen Augenblick (der Himmel ist schwarz geworden, ein gleißender Blitz fährt herab) erscheint der Eber und tötet Adonis.

Heldendarsteller: *(ein Schrei)*
Nein!

17. Totenklage und Epilog

Venus ist bei Adonis' blutüberströmter Leiche zusammengebrochen. Die Prima Donna hält den sterbenden Clemente im Arm. Der Heldendarsteller hat das Messer fortgeworfen.

Madrigalisten: Überschritten der Fluß nun, in dem er noch einmal die Zweige, das zitternde Laub der Bäume gesehen. Überwunden der lodernde Schmerz, den er so sehr gefürchtet, verloren die Liebe, von der er nichts ahnte, nichts wußte, überschritten der Fluß nun, in dem er noch einmal das Schneelicht der Wolken, den Himmel gesehen, die Farbe des Morgens, sein glashelles Rot.

Prima Donna: *(schreiend)*
Tot.
(weinend)
Gebrochenes Auge, starr und reglos, eisige Stirn, und nur dieses Blut.
(schreiend)
Tot. Mein Liebster!
(weinend)
Stein zwischen Steinen, Blatt unter Blättern. Er, der vom Sterben nichts wußte, tot. Zerbrochen ist er, zertreten. Ich ginge am liebsten mit ihm, über den Fluß und dorthin, wo Stille, wo Staub ist, Nacht.

Heldendarsteller: *(schreiend)*
Tot.
(in tiefer Erschütterung)
Er, der vom Sterben nichts wußte, von Liebe und Schmerz,
(schreiend)
ist tot. Und seinen Mund wird er nicht mehr zum Himmel erheben und nachrufen den Krähenschwärmen. Zerissen sein Herz, zerfetzt seine Brust. Der eine ganze Welt von Klängen auf seinem Atem getragen, tot. Getötet von mir. Könnte er mich noch hören, ich bäte ihn um Vergebung, ihn, den ich ausgelöscht habe. Und lebte er noch, ich spürte die pochende Wunde nicht, den schneidenden Schmerz in allem was atmet und lebt.

Venus umfaßt den Toten und zieht ihn heftig, als würde sie eine Blume ausreißen, an ihre Brust. Der Heldendarsteller sinkt in die Knie.

Lichtwechsel. Verwandlung. Zerklüftete Berglandschaft. Nächtliches Firmament. Die Protagonisten sind verschwunden, die Hirten von den Bäumen gestiegen. Sie gehen an die Rampe und wenden sich an den zum Planeten Venus auffliegenden Adonis, den jungen Opernsänger.

Madrigalisten: Ganz verwandelt, ein stilles Leuchten bist du, dort oben, zwischen den Himmeln, so fern.

Clemente: *(von oben)*
Über Schneegebirge steige ich,
auf Lichtpfaden wandere ich
und öffne Türen aus Nebel und Glas.

Madrigalisten: Fühlst du nicht mehr den Schmerz?

Clemente: Einen kühlen Wind fühle ich in den Adern.

Madrigalisten: Schmeckst du nicht mehr
auf deiner Zunge den Staub,
der vermischt ist mit Blut?

Clemente: Ich schmecke Eisluft
zwischen den Lippen.
Mein Mund ist voller Tau,
meine Zunge ein Blatt.

Madrigalisten: Zitterst du nicht in der Kälte des Alls?

Clemente: Ich bin ein Stern unter Sternen.
Ich fliege durch Nacht und Tag.

Madrigalisten: Bist du nicht einsam zwischen den Sternen?

Clemente: Ich sehe Venus und ihr Kleid aus weißem Nebel.
Ich sehe Mars und seinen Umhang aus Feuer.
Einsam war ich, als mich der Eber zerriß.
Jetzt bin ich ein Stern unter Sternen.
Einsam war ich, als meine Füße den Boden berührten.
Einsam war ich, als ein Herz in mir schlug.